Der Seele entflogen

24 Flugblätter von Karin Vogt

© by Blaukreuz-Verlag Bern 2002
Umschlaggestaltung und Layout: Benjamin Pfäffli, Burgdorf
Druck: Graf-Lehmann AG, Bern
Einband: Schumacher AG, Schmitten
ISBN 3 85580 420 6 Blaukreuz-Verlag Bern

eele entflogen

24 Flugblätter von Karin Vogt

Blaukreuz-Verlag Bern

Inhalt

7	Der Sieger nach Punkten
9	Der grüne Wandervogel
11	Der Humorvogel
13	Der Pechvogel
15	Der Kleinkarierte
17	Der Beherzte
19	Der Schlafvogel
21	Der Singvogel
23	Der Wurmfresser
25	Der Sonnenvogel
27	Der Vollmondvogel
29	Der Sternenvogel
31	Der Friedensvogel
33	Der Tränenvogel
35	Der Positive
37	Der Tablettenfresser
39	Der Blumenvogel
41	Der Kranke
43	Der Zugvogel
45	Der Geflickte
47	Der Smiler
49	Der Eingesperrte
51	Der Vogelfreie
53	Der Sterbende
55	Nachwort

Unschwer erkennt man, dass er der Sieger nach Punkten ist – Aber wirklich nur nach Punkten… Er hat im Leben nie eine Etappe, geschweige denn eine ganze Lebensrundfahrt gewonnen.

Haben Sie auch schon gestaunt, wie viele Sieger es in einer Radrundfahrt gibt?
Da gibt es den Etappensieger, den Bergkönig, den Gesamtsieger und eben den Sieger nach Punkten. Und genau von diesem Sieger nach Punkten spricht am Schluss kein Mensch!
Der Etappensieger ist ein Sprinter – er hat ein kleines Ziel vor Augen, geht mit voller Kraft voran und darf den Antritt zum Schlussspurt nicht verpassen.
Der Bergkönig wählt das steilste Streckenstück und erkämpft sich dort die Überfahrt der Linie als Erster.
Der Gesamtsieger ist derjenige, welcher am Schluss der Rundfahrt zusammengezählt die kürzeste Fahrzeit aufweist. Er hat also konzentriert ein Fernziel vor Augen und lässt sich nicht durch momentane Kleinerfolge ablenken.
Und der Punktesieger? Er ist überall dabei – nirgends ganz vorne – ein typischer Allrounder –

In meinem Leben träumte ich immer davon, die Lebensrundfahrt zu gewinnen. Als dazu schon zu viele Träume und damit Ziele gestorben waren, verlegte ich mich auf den Traum eines Etappensiegers – in irgend einem Bereich mal ganz oben stehen – wahrscheinlich auch ein geträumter Traum ohne Realitätsbezug. Da gibt es doch noch den Bergkönig! Etwas Ausserordentliches erreichen, erkämpfen! Trotz enormer Anstrengung, blieb es im Vergleich mit andern Mittelmass…

Sieger nach Punkten

Bleibt da noch der Sieger nach Punkten: Der typische
Durchschnitt – überall dabei, nirgends ganz vorne, aber auch
nirgends ganz hinten – ...
Warum um Himmels willen schreitet dieser Sieger nach
Punkten mit erhobenem Schnabel und Schwanz so stolz
voran?
Vielleicht zeigt mir dieser Vogel in meiner Seele, dass es nicht
Durchschnitt ist, sondern Lebenskunst?
Er ist ein Allrounder – und genau das bin ich auch.
Viele Berufsrichtungen, viele schräge Lebenserfahrungen,
viele Interessen, ein paar Begabungen für den Alltagsgebrauch
– einfach so ein Kumpel für alles!
So bunt, wie all die Punkte, ist mein Alltag, mein Leben, sind
meine Träume – es sind auch schwarze Punkte dabei –
Diese bunten Eigenschaften sehe ich als sehr ideal für einen
Vater, eine Mutter. Mutter sein – mein grosser Lebenstraum –
wenn er in Erfüllung gegangen wäre, wäre ich aber für
meine Lebensrundfahrt die Gesamtsiegerin...
Dann würde dieses gepunktete Vögelchen unbeachtet irgend-
wo im Hintergrund der Seele kauern...
Nein, da gäbe es ja noch den Idealfall: Der Gesamtsieg kann
durchaus auch vom Sieger nach Punkten erreicht werden –
ein fast vermessener Lebensanspruch –
Ich trage also den Sieger nach Punkten sorgfältig in mir, bin
froh, das ich noch nie in einen Massensturz verwickelt
wurde und dass, trotz vieler Verletzungen, immer noch neue,
farbige Punkte dazukommen, die mir die Zeiten mit
schwarzen Punkten etwas auflockern –
Bei der nächsten Radrundfahrt werde ich innerlich den Sieger
nach Punkten zum eigentlichen Sieger erklären
– ein Sieger über sich selber – .

De

In Farbe und Aussehen gleicht er sich immer mehr dem Gras und den Blättern an – Fühlt sich in der Natur geborgen – Aber unter Seinesgleichen einsam...

Ein Mensch zeugt wieder einen Menschen, jede Tierart, alle Pflanzen Nachkommen ihrer Art mit allen von der Natur ermöglichten Mischungen. Es leuchtet ein, dass ein Kind seinen Eltern ähnlich sehen, ein Tier in Fellfarbe und Federkleid seinen Erzeugern zugeordnet werden kann.
Neben den äusserlichen Arten- und Familienähnlichkeiten gibt es auch innere Ähnlichkeiten. Alles Ähnliche, alles Gewohnte ergibt in der Summe eine Geborgenheit.
Die inneren Ähnlichkeiten – der Geist, der Seeleninhalt, der Charakter – können erarbeitet, entwickelt, müssen gepflegt werden. Die Ähnlichkeit wird im Idealfall nie zur Gleichheit, sondern lebt von der Individualität des Einzelnen.
Die Vollendung der Arbeit an der inneren Ähnlichkeit könnte die Liebe sein – die Summe der Geborgenheit und der Individualität gelebt als Ganzes und gepaart mit der Liebe eines andern. Die starke Arbeit an den inneren Ähnlichkeiten ergibt manchmal eine äussere Ähnlichkeit, welche sogar artenübergreifend sein kann – ein älteres Ehepaar kann sich ähnlich sehen, aber auch ein Hundehalter kann, nach langen Jahren, seinem Hund ähneln...
Ein Kind wird im Idealfall in dieses liebevolle Geborgenheitsumfeld mit Ähnlichkeiten und Individualitäten hineingeboren, kann üben, wie es Ähnliches und Individuelles leben kann – es spürt Grenzen, aber auch Freiheiten – es lernt Selbstbewusstsein, aber auch Verantwortung.

grüne Wandervogel

Wenn bei einer Pflanze das Umfeld nicht stimmt, bei einem Tier das Verhalten nicht artgerecht ist, kommen sie ums Leben. Der Mensch hat auf dem Lebenshochseilakt noch einen doppelten Boden – seine Sprache und die Fantasie. Vielleicht hat er, wenn er die Ähnlichkeiten vergebens sucht und der eigenen Individualität nicht traut, das enorme Glück, jemanden zu finden, der ihm zuhört. Der versucht, die Lücken im Vertrauen in die Individualität zu füllen und hilft, den Weg zum Selbstvertrauen zu finden, und der die Wunden der nicht gefundenen Ähnlichkeiten mit Trost heilt und so auch ein Leben in innerer Einsamkeit lebenswert macht. So gesehen, ist ein Lückenfüller wohl die edelste, wertvollste Aufgabe, die ein Mensch übernehmen kann.

Gepaart mit der Fantasie, die mir Tagträume erlaubt, und im Wissen, dass ich für den Lückenfüller nie das bin, was er für mich ist, erhalte ich so wieder einen Bezug zur Welt. Vielleicht nie zu einem Menschen – aber zur Natur?

Die Zärtlichkeit des Windes spüren, die Wärme der Sonne, das Aushalten eines Gewitters, das Erleben von Kälte und Schnee. Das Spüren, wie angenehm es ist, sich im Fluss mit dem Strom tragen zu lassen, nicht immer gegen ihn anzuschwimmen und trotzdem unter Einbezug der Möglichkeiten, welche das Ufer bietet, selber zu bestimmen, wann und wo der Ausstieg ist. Mit dem Vertrauen in den Lückenfüller erlange ich auch das Vertrauen, mich in einem Wirbel ganz nach unten ziehen zu lassen, um so eine Wegtauchmöglichkeit zu erhalten. Nach dem Tod findet in der Natur jeder seine Ähnlichkeit – der Körper wird zur Erde. Behütet Gott Seele und Geist?

Den Dank an die Lückenfüller in all meinen verschiedenen Lebensphasen trage ich mit dem grünen Wandervogel in meiner Seele und bete, dass Gott ihnen all das Gute, das sie geben, zurückstrahlt.

**Auch wenn er weint,
in der Angst und im Schmerz
verliert er sein inneres
Lächeln nicht.**

Wie unterscheiden sich Fröhlichkeit und Humor?
Eine schwierige Frage.
Antwortversuch:
Fröhlichkeit ist meist laut, lebhaft, bewegt und äusserlich sicht- und hörbar.
Humor ist eine Art verinnerlichtes Glück, verinnerlichte Freude, sowohl in der Traurigkeit und Ernsthaftigkeit als auch im Glück und in der Fröhlichkeit da. Eine immer während Bereitschaft, jede Situationskomik zu geniessen und auch die Bereitschaft, immer die andere Seite der Situation zu suchen.
Nein, nicht wie die in Mode gekommenen Positivdenker, die jede Angst, alle Bedenken, die Verletztheiten, den Schmerz, die Sehnsucht, den Streit... – mit dem Satz:
«Heute scheint die Sonne, da kann's ja nur gut kommen!»
ins Lächerliche ziehen!
Eher ein ruhiges, stilles Suchen nach dem Lächeln, vielleicht ein Lächeln durch Tränen, vielleicht ein Lächeln über sich selbst –

Wenn man selber versagt hat, traurig, verletzt, enttäuscht oder in Angst ist, dann kann man den Humor in seinem Innern unbedenklich walten lassen. Dann darf es durchaus auch schwarzer Humor sein – also eine Art Schmunzeln in einer Situation, wo man eine extreme Gratwanderung zwischen Humor und Überfahren von tiefen Gefühlen macht... – Humor, das wohl grösste Geschenk –

Humorvogel

Humor beinhaltet auch einen gewissen Stil – er drängt sich nie auf, obwohl er stets bereit ist, er bezieht das Gegenüber mit ein, wirkt nie plump oder verletzend, sondern eher filigran und zärtlich – und er ist ansteckend.
Als ich nach einer Operation, wo es mir gar nicht gut ging, und ich mit den ganzen Infusionsschläuchen ein wenig im Spital herumspazierte, plötzlich die Idee hatte, mit dem Lift ein paar Stockwerke tiefer zu fahren, war ich beim Einsteigen etwas zu langsam – Infusomat im Lift – Patientin vor dem Lift – Schlauch zu dünn, um dem Lift zu signalisieren, dass er nicht fahren sollte... Die Wucht riss den Venenkatheter heraus, das Blut floss sofort, der Schmerz war auch da. – Meine Tränen kamen aber mehr vom inneren Lachen über diese so unmögliche Situation als vom Schmerz –

Vielleicht ist es immer entweder Humor oder Ärger und man kann einfach nur Gott danken, dass man zu den Humorvollen und nicht zu den Ärgerlichen gehört!
Wenn ich manchmal den Humor verliere und nahe am Ärger bin, macht mir das mehr Angst, als wenn ich den Hausschlüssel nicht mehr finde.
Als Computerkursleiterin, früher als Krankenschwester und als Kindergärtnerin, kam und kommt mir der Humor so oft zu Hilfe – vielleicht mehr noch als das Wissen. Und bei Verlusten von Lebensträumen ist er der wohl beste Psychiater.
Ein grosser, süchtiger Patient, der mit funkelnden Augen und temperamentvoller Sprache mehr Medikamente forderte, als er verordnet bekommen hatte, sagte plötzlich zu mir:
«Gell, du hast mich auch gern, wenn du nein sagst.»
«Warum denkst du?»
«Du lächelst aus deinen Augen.»
Das wohl schönste Kompliment.

Der Pechvogel hat Glück, dass er rote Augen, Füsse, einen roten Schwanz und Schnabel hat, sonst würde er im Dunkeln verschwinden.

Wie viele Vögel sind wohl im Dunkeln verschwunden, weil sie schwarze Augen, Füsse, einen schwarzen Schwanz und Schnabel haben?
Wie viele Menschen sind unbeachtet, einsam, ganz im Dunkeln?
Bei uns zu Hause war es in meiner Kindheit vordergründig oft sehr bunt, unkonventionell, originell, und im Hintergrund waren da viele dunkle Erlebnisse, Gefühlslagen, Nöte, schwarze Gedanken und Träume –
Wenn ich hinaus in die Natur, zu Tieren, zu anderen Kindern, zu anderen Menschen ging, suchte ich immer das Echtbunte, das durch und durch Bunte und tankte so viel davon auf, dass es reichte mit Witz und vielleicht sogar Vorwitz davon etwas aufzuheben, wenn die schwarze Grundfarbe wieder hervorquoll.
Weil ich das so gut trainieren konnte, kann ich es in fast jeder Lebenslage anwenden. Im Dunkeln leuchten können – eine Fähigkeit, um die ich oft beneidet werde.
In einer Gruppe wird man von der bunten Individualität des Einzelnen zum Graugemisch der Gesamtheit – auch da bewahre ich mir, je nach Situation, mehr oder weniger farbige Tupfer – dadurch beachtet man mich. Das gibt Kraft, Mut und ungeahnte Fähigkeiten. Der beste Lehrer, der beste Präsident, der beste Chef ist wohl der, der bei all seinen Menschen, die er führt, die bunten Punkte sucht, sie fördert und stärkt und damit den Akku der Gesamtheit für dunklere Zeiten geladen hat.

Pechvogel

Der grösste gemeinsame Nenner einer Gruppe wird immer vom Schwächsten bestimmt –
Es ist mir leider schon passiert, dass ich andere Menschen mit meiner Farbe überrumpelt habe, sie verdränge oder übertünche – das ist schlimm…
Ich bin meinerseits auch schon oft im Grau oder Schwarz fast versoffen, weil niemand meine Farben wollte – auch schlimm…
Genau aus diesem Grund habe ich einen Arbeitsplatz verlassen – der graue Alltag schwappte zu fest über, meine Farbe passte nicht mehr in das Bild. Es hat sehr weh getan.
Besonders, weil ich dabei war, als dieses Bild entworfen wurde, die ersten Pinselstriche und Korrekturen gemacht wurden – das Bild langsam immer mehr Charakter annahm…
Es wird oft unterschätzt, wie viel Kraft, Ideen, Arbeit, Mut, manchmal fast Übermut es braucht, um immer wieder neue Farben zu mischen – besonders dann, wenn durch Zu- und Unfälle die Seele, der Körper keine Grundkraft mehr haben. Meine Farbe ist aus dem Rahmen gefallen – vielleicht bin ich in meinem Leben schon zu oft aus dem Rahmen gefallen? Vielleicht war ich noch gar nie richtig in einem Rahmen?

Ich werde aber gesehen – auch mit einer noch schwachen Farbe –
Von meinem Arzt, der Therapeutin für Alexandertechnik, der Sozialarbeiterin, den Versicherungen, im Chor, am neuen Arbeitsplatz – sie suchen und fördern das Bunte, Individuelle, und meine Farbe wird klarer, stärker – und wenn ich sicher sein kann, dass man mich nicht übersieht, muss meine Farbe gar nicht so dominant hervorstechen, passt sich der Umgebung an – ist im Rahmen –
Vielleicht ist der Pechvogel ja in Wirklichkeit mein Glücksvogel?

Der

**So kleinkariert, wie
er aussieht, ist er auch –
schon fast strafbar...**

Aus der Vogelperspektive gibt es nach dem Überqueren des
wilden Meeres und dem Flug über die kargen Bergzacken
einen abrupten Wechsel –
Ein kleines Stück Land, umgeben von Bergen.

geborgen oder gefangen?

Tiefbraune, vom frischen Umgraben noch feuchte Äcker
grenzen an sattgrüne Wiesen, welche wiederum neben
rapsgelben und kornbeigen Rechtecken liegen – alles klar
abgegrenzt.

geordnet oder kleinkariert?

Graue Strassenschlangen und Häuserketten mit bunten
Gärten unterbrechen das Bild, und blaue Wasserläufe und
Seebecken, umgeben von diversgrünen Wäldern,
vervollständigen es.

Paradies oder Museum?

Ich bin ein Teil dieses Landes:
gelassen, geborgen, frei oder zwanghaft, kontrolliert, gefangen?
Oft fühle ich mich in meiner Gedankenwelt frei, ungebunden,
originell und lasse meinem Selbstbewusstsein und meiner
Fantasie freien Lauf.

Kleinkarierte

Dann wieder bin ich in Zwängen gefangen. Alles hat seinen Platz, und das Kontrollieren meiner eigenen Handlungen füllt den Tag. Kein verdorrtes Blättchen an den Pflanzen auf dem Balkon, kein ungewaschenes Kleidungsstück im Badezimmer, keine Pendenzen auf dem Schreibtisch und unzählige Rundgänge durch die Einzimmerwohnung mit Blick auf Herdschalter und Fensterverschlüsse, bevor ich, trotz dieser Securitasarbeit, pünktlich das Haus verlasse, um am Arbeitsplatz neben der Arbeit die lückenlose Kontrolle über mich und alles, was in meiner Verantwortung steht, weiter zu führen. Am Abend dann noch die Kontrolle, ob die Kontrolle gut war.

Eine Seele, die viele schwarzgraue Erlebnisse in sich trägt, welche gegen aussen immer bunt erschienen sind, kann wohl nur schwer eine Geborgenheit aufbauen, die Gelassenheit und nicht Kontrolle als Merkmal hat und eine Traumwelt zulassen, ohne ganz realitätsfremd zu werden.

So ähnlich ergeht es auch dem kleinen Landstück zwischen den Bergen.

Vielleicht könnte ich den Blick mehr gegen oben richten? Der unbegrenzte Himmel lässt jedes Wetter, jede Stimmung herein – nicht alles ist gut, aber nichts ist mehr fremd.

Landesgrenzen, Seelengrenzen öffnen und alles hereinlassen – nicht alles ist gut, aber nichts ist mehr fremd.

Die Gedanken wären freie Überflieger mit einer sicheren, gelassenen Geborgenheit und die kleinkarierte Landesbodendecke würde in ihrer Ausstrahlung zum bunten Patchworkboden.

Vielleicht ist dieser Gedankengang noch zu wenig auf eventuelle Fehler kontrolliert?

Der

**Beherzt und fröhlich
fängt er immer wieder
von vorne an.**

Kennen Sie den Mechanismus eines Stehaufmännchens?
Da ist im unteren Teil eine Bleikugel eingebastelt – wenn jetzt
das Männchen abgelegt wird, zieht sie es mit ihrem Gewicht
immer wieder zuverlässig hoch –
Manchmal habe ich das Gefühl, dass wenn man die Erfahrungen
schwieriger, trauriger, beängstigender, dunkler, schwerer
Erlebnisse sorgfältig in sich drin behält, aber auch zulässt, dass
oben drüber lockere, fröhliche, ermutigende, helle, leichte
Gedanken schweben, man in seiner Seele einen ähnlichen
Mechanismus einbaut.

Als mein Traum, eine zuverlässige Partnerin und eine offene,
liebe Mutter von mindestens sechs Kindern zu werden, an
einem Sonntag durch einen Motorradunfall meines Partners
zerstört wurde, hatte ich das enorme Glück, all meine Gefühle,
die Liebe, Fröhlichkeit, Geduld, den Humor sowie auch die
Ernsthaftigkeit und meine Fähigkeiten den Kindern im
Kindergarten schenken zu können. Später den Patienten im
Inselspital und bei der kontrollierten Drogenabgabe in Bern.
Durch die vielen schönen, fröhlichen, glücklichen,
besinnlichen, auch schwierigen und traurigen Situationen,
die wir gemeinsam meisterten, konnte ich auch das etwas
verlorene Kind in mir erheitern, die Erfahrungen mit Verlust
und Angst und auch dem endgültigen Abschied vertiefen –
und weitergeben –.

eherzte

Die Trauer über den Verlust und die Erinnerung an Schwieriges, Beängstigendes trage ich aber immer sehr sorgfältig mit.
Es gibt da also eine Bleikugel in meiner Seele –
Im Verlaufe der Zeit kamen da noch mehr endgültige Abschiede, Momente des eigenen Versagens, Enttäuschungen und die Diagnose HIV, welche das Leben sehr beeinflusst und den Tod tiefer in das Bewusstsein rücken lässt, dazu – die Bleikugel wird also grösser –

Manchmal, wenn ich sie nur ansehe, werde ich von Angst gelähmt. Wenn ich mir aber ihren Mechanismus vorstelle, bin ich froh, dass ich sie nicht verdrängt habe – sie zieht mich hoch und lässt den Humor, das Leichte, Zuversichtliche, Fröhliche obenauf kommen! Ich brauche oft Hilfe, wieder an den Mechanismus zu glauben –
Wer keine Hilfe hat und im Anblick der Bleikugel, die alle in sich tragen, alleine bleibt, vergrössert sie wahrscheinlich so stark, dass sie die ganze Seele ausfüllt und Überfliegergedanken keinen Platz mehr haben – eine schreckliche Vorstellung!

Ziemlich ungeschickt, wie ich bin, hatte ich immer viele Gelegenheiten, das beherzte, fröhliche Neuanfangen an kleinen Beispielen zu üben – so fallen die grösseren Neuanfänge leichter.
In der EDV, einem Abbild der realen Welt, gibt es alle Tage viele Neuanfänge zu meistern, auch Ängste zu überwinden – dies inhaltlich, fachlich, aber auch im übertragenen Sinn weiterzugeben, ist eine sehr schöne, zukunftsgerichtete Aufgabe.
Mein neuer Beruf – vielleicht meine neue Berufung –?

Beherzt suche ich immer wieder den Mechanismus meiner Bleikugel, bin froh, dass ich dabei Hilfe habe und freue mich auf alle Überfliegergedanken!

De

**Von vielen beneidet.
Nein, nicht wegen seines
Pyjamas, sondern
wegen seiner inneren Ruhe.**

Wenn ich im Fernsehen eine Diskussionssendung ansehe, bewundere ich immer die ruhigen Teilnehmer. Ihre Argumente wirken, auch wenn sie nicht meiner Meinung entsprechen, immer viel besser als die Argumente der Hitzigen.
In hektischen Situationen im Beruf oder bei Notfällen kenne ich diese Ruhe auch.
Im Alltag gehöre ich eher zu den Sprudelnden, Schnellen – vielleicht manchmal Unüberlegten. In der Schule und in schulähnlichen Situationen ist es mir auch gut möglich, dem Lehrer zuzuhören, den Inhalt wirklich aufzunehmen, selber zu schwatzen und auch noch mitzuverfolgen, was zwei Reihen weiter vorne geschwatzt wird und was sich sonst noch grad so tut... Das habe ich jahrelang geübt! Als Schulkind hat mir das manche Stunde vor der Türe und manche Strafaufgabenseite und viele ungenügende Noten im Betragen eingebracht – und unter den Schulkollegen war ich immer ein sehr beliebter Kumpel, der jedes Vergnügen erkannte, die Situationskomik in allen Lagen ausschöpfte und doch immer recht gut mit dem Stoff zurechtkam, was dann wieder bei Prüfungen sehr von Vorteil für mich und meine Pultnachbarn war.

Aber eben, die Ausstrahlung war und ist eher unbedacht, und man nimmt die Ideen, die so entstehen, nicht so gern ernst – auch wenn sie gut sind.

chlafvogel

Ich glaube, dass ich in Tagträumen und in Wachzeiten der
Nacht dann sehr wohl die mehrschichtig gelebten Situationen
sehr ernsthaft verarbeite.
In Notfällen und aussergewöhnlichen Lebenssituationen
werde ich sehr ruhig und überlegt, kann konzentriert dabei
sein. Von aussen gesehen ein Widerspruch. In meiner
Kindheit gab es wohl nie den Normalzustand – es war immer
anders, als man denkt. Das hat zur Folge, dass jetzt Ausnahme-
situationen für mich etwas sehr Bekanntes sind, hingegen
der Alltag etwas sehr Unbekanntes ist.
So werde ich leicht über-, aber auch leicht unterschätzt.

Weil ich oft auf sehr verschiedenen Ebenen gleichzeitig
denke, fühle, handle, lebe, muss ich mir mit Tagträumen
Ruheinseln schaffen.
In den Tagträumen kommen immer die schönen Dinge sehr
zentral vor – bunte, helle, fröhliche, zärtliche Geschichten.
Auch ist mir jedes schöne Ereignis in der Zukunft einen Traum
wert, so dass alles Schöne in vielfacher Ausgabe in der
Seele ist.
In den Nachtträumen kommen dann die schwierigen Dinge
ins Zentrum – schwarze, dunkle, traurige, schreckliche Bilder
und Situationen.

Völlig versunken in Tagträume, sehe und grüsse ich die
Menschen um mich herum nicht – und allein in der dunklen
Nacht, plötzlich hellwach durch aufrüttelnde Traumbilder
aus der Tiefe der Seele... Angst vor dem Schlaf entsteht –
Das zeugt nicht gerade von innerer Seelenruhe – aber wenn
der Geist wach ist und es die Situation erfordert, kommt
die innere Geistesruhe.
Reicht das wohl für einen ruhigen Schritt in die Ewigkeit – in
den ewigen Schlaf? Oder muss auch ich den Schlafvogel
beneiden?

Er schmettert die eingesammelten Töne jeden Tag neu in die Welt hinaus und verbreitet damit ein stilles Glück.

Was ist Stille, was Musik, was Lärm?

Wenn in einem Waldstück am Morgen eines Frühlingstages alle Vögel singen, ist die Luft voll Gezwitscher, Pfeifen, Singen, Klopfen – und trotzdem ist das für mich Stille –

Es sind Töne der Seele – wie wenn die Vögel all ihre Erlebnisse des Vortages in die Welt hinaussingen, hinausschmettern, hinauspfeifen würden. Irgendwie kommt es mir auch immer wie eine Mitteilung vor – hallo, ich lebe!
Ein Frühling ohne Vogelgesang wäre wie ein Tag ohne Sonne, eine Nacht ohne Sterne.
Warum sind wir eigentlich so sicher, dass die Vögel immer weitersingen und nicht plötzlich verstummen? Warum sind wir eigentlich so überzeugt, dass das Singen ein Ausdruck der Freude ist – und nicht ein Schimpfen über die Menschen oder ein Ausdruck der Trauer?
Ich glaube, weil es Töne der Seele sind, kann man sie auch richtig deuten und sehr wohl ein Alltagsgezwitscher von einem Freudenpfeifen, einen Angst- oder Schmerzschrei von einem Warnruf unterscheiden. Vielleicht sogar die Wehmut oder die Liebe heraushören? Töne der Seele werden von unseren Seelen verstanden, wenn wir die Seele machen lassen –

Dazu braucht es innere Ruhe, eine gewisse Gelassenheit und das Interesse an Seelentönen von sich selber und andern.

ingvogel

Seelentöne sind alle Geräusche, die ungebremst von der Seele in die Welt hinausgesendet werden: Das Weinen, das Lachen, das Jauchzen, das Pfeifen, der Vogelgesang – ja, alle Tierlaute und auch die Geräusche aus der Natur.

Die Musik organisiert die verschiedensten Seelentöne: Sie hat einen Anfang, ein Ende, einen Rhythmus, eine Tonart. Die Musik wird auch vom Geist und Verstand gelenkt – dadurch können Seelentöne in einen bestimmten Rahmen gebracht, Stimmungen verstärkt und konserviert werden. Um die Musik zu verstehen und richtig zu interpretieren, brauchen Dirigent und Interpret neben der Seele auch den Geist und den Verstand – eine perfekt komponierte und interpretierte Musik zeichnet sich aber dadurch aus, dass der Zuhörer sie auch allein mit der Seele verstehen kann.

Der Lärm? Eine Ansammlung von Tönen unter Ausschluss der Seelentöne – Lärm ist etwas, was unserer Seele fremd ist, ein Geräusch, das einen Zweck erfüllt: Mobilität, Herstellung, Verwertung, Aufbau, Abbau...

Ich habe Angst vor der Zeit, wo das menschliche Ohr nicht mehr unterscheiden kann, was Lärm, was Musik, was Seelen- und Naturtöne sind. Man sich plötzlich über das Singen der Vögel, das Jauchzen der Kinder, das Weinen der Menschen ärgert und dafür das Motorengeräusch als beruhigend empfindet...
Ist es schon so?
Hoffentlich lassen sich die Vögel nicht beeinflussen – die kleine bunte Schar mit den lauten Tönen der Stille – die Verkörperung des Kunterbunten! Das Kunterbunte dürfen wir nie aussterben lassen, sonst werden unsere kunterbunten Seelen heimatlos –

Unerklärlich, dass er die Würmer auch in seinem fortgeschrittenen Alter ganz herunterwürgt, um sie nicht zu plagen. Er weiss, dass sie so elendiglich ersticken...

Niemand kommt ohne Enttäuschungen durch das Leben. Man wird enttäuscht und man enttäuscht andere. Ich wage sogar zu behaupten, dass alle auch Schmerzen an Körper und/oder Seele erleiden und alle dies auch anderen zufügen – bewusst oder unbewusst.
Wenn der Vogel den Wurm mit einem gezielten Pick umbringen würde, wäre der Wurm wahrscheinlich ohne grosses Leiden sofort tot. Aber der Vogel will diese Verantwortung nicht wahrnehmen und er würgt den Wurm langsam herunter. Dann erstickt der Wurm elendiglich – aber er erstickt selber und wird nicht vom Vogel zu Tode gepickt. Eigentlich feige. Steht es mir zu, diesem kleinen, bunten Vögelchen einen Vorwurf zu machen?
Wie machen es denn die Menschen?
Ein schneller Schnitt mit einem Messer blutet zwar stark, aber schmerzt weniger als eine langsam erfolgende Schürfwunde – wenn dann der Schnitt auch noch fachgerecht versorgt wird, heilt er auch viel schneller als die Schürfwunde. Genau so ist es auch mit den Seelenwunden: Eine klare Kritik oder eine Zurückweisung sind im Moment dramatisch. Aber bei fachgerechter Begleitung – Trost – heilen sie viel schneller und mit weniger auffallenden Narben, als wenn die Kritik unklar, verwaschen oder nur durch diffuse Zeichen und die Zurückweisung durch Gesten, Verhaltensweisen und Geschwätz über und nicht Gesprächen mit dem betreffenden Menschen erfolgt.

Vurmfresser

Bei der schnellen, klaren Form der Kritik oder einer Ablehnung muss aber eine Verantwortung wahrgenommen werden. Sende- und Zielmensch stehen sich direkt gegenüber und der Zielmensch kann in Würde aus der Situation heraustreten und in Stärke einen Neubeginn wagen. Bei der zweiten unklaren, langsamen Form wird die Verantwortung auf den Zielmenschen geschoben – er gibt irgendwann auf. Auf dem langen Weg dorthin verliert er seine Fähigkeiten, seine Qualitäten, sein Selbstbewusstsein, sein Vertrauen – er geht völlig schwach aus der Situation. Er fühlt sich allein verantwortlich, sucht keine Hilfe und erhält keinen Trost.
Und weil die Situation nie richtig dramatisch ist, werden auch keine Aussenstehenden darauf aufmerksam und die Seelenwunde wird nicht fachgerecht versorgt – vielleicht eitert sie oder die Narbe bricht immer wieder auf?
Ganz einsam macht, wenn der Sendemensch die Situation bei Dritten völlig anders darstellt, als sie durch Gesten und Verhaltensweisen dem Zielmenschen gegenüber vermittelt wird – so kann man jemanden zerstören und er erstickt innerlich. Auch der Sendemensch kann daran ersticken, wenn er sich plötzlich der ganzen Tragweite bewusst wird.
Es gibt zwei Verlierer – statt zwei Sieger:
Einen Verantwortungsbewussten, der sich seinen Gefühlen und Meinungen stellt und sie offen mitteilt und einen Geheilten, Getrösteten, der einen unbeschwerten Neuanfang wagen kann.
In einem Leben kann man sowohl Sende- als auch Zielmensch sein.

Vielleicht will das Vögelchen mit seinem unmöglichen Wurmherunterwürgen nur immer wieder darauf aufmerksam machen, dass es einen stärkeren, sympathischeren, verantwortungsvolleren und eigentlich auch einfacheren Weg geben würde...?

**Im Sommer sitzt er so lange
in der Sonne, bis er sie
in der Seele spürt, und sie ihn
auch im kältesten Winter
noch wärmt.**

Auf einem sonnenwarmen Stein sich das kalte Aarewasser
von der Sonne langsam vom Körper saugen lassen, ist wie das
Gefühl, wenn die traurigen Gedanken und Erlebnisse durch
tröstende Worte und Zärtlichkeit an Gewicht verlieren.
Langsam dringt die Wärme durch die Haut in den Körper –
durch den Körper in die Seele –

Ich fühle mich als Teil der Natur. Die Berechtigung meines
Daseins macht mich ruhig, zuversichtlich, frei, glücklich.
In solchen Momenten kommen dann die Erinnerungen an das
viele Gute, Schöne, Glückliche und breiten sich in mir aus.
Sie verdrängen die Gedanken an Schreckliches, Trauriges.
Dann ist die Zuversicht grösser als die Angst.
Zu viel Sonne ist ja offenbar gefährlich. Meine Haut wird
aber, wenn sie durch die Sonne leicht angebräunt ist, stärker.
Auch die Seele wird, wenn sie durch Trost von der Angst
befreit wird, stärker.
Man sollte sich vielleicht auch da hüten, eine Überdosis
zu nehmen. Leicht werden Schwachstellen, gar Löcher in die
Haut gebrannt, so wie eine Überdosis an Nähe, die lange
andauert, vielleicht eine Enge auslösen kann und den Seelen-
eigenschutz auflöst.
Das Spiel mit Wärme von aussen und der eigenen Wärmekraft
von innen ist wohl eine Kunst – vielleicht die eigentliche
Lebenskunst?

Sonnenvogel

Wie viel meiner eigenen Wärme kann ich einem anderen
Menschen weitergeben, ohne selber in die Kälte zu kommen?
Wie viel Wärme eines anderen Menschen darf ich nehmen,
ohne ihn auszukühlen?
Wie viele Erkältungen im Leben erträgt man?
Ist vielleicht die ewige Erstarrung eines Körpers das weltliche
Zeichen dafür, dass die Seele nun in der ewigen göttlichen
Wärme ist?
Ein tröstlicher Gedanke.
Der Gedanke ist nur dann tröstlich, wenn der Mensch, der ihn
denkt, überhaupt weiss, was Wärme ist. Darum ist es eine
extrem wichtige Aufgabe, einem neuen Menschen auf dieser
Welt Wärme zu geben – genug, dass er auch selber wiederum
Wärme weitergeben kann und damit erlebt, wie schön die
Rückstrahlung ist – wie der sonnenwarme Stein nach dem
kalten Bad in der Aare –

Die Sonne – die Rückstrahlung ihrer Wärme durch den Stein –

Die Sonne – die Rückstrahlung ihres Lichtes durch den Mond –

Das Göttliche – seine Rückstrahlung durch die Liebe, den Trost,
die Geborgenheit, die von einem Menschen, einem
Lebewesen zu einem anderen Menschen, einem anderen
Lebewesen kommt –
Das gibt Sicherheit, Geborgenheit, daraus entsteht Selbst-
sicherheit und Kraft für andere und letztlich die Zuversicht,
dass der Tod im Körper zwar kalt und dunkel, in der Seele
aber warm und hell ist.
In der Hoffnung, das nie zu vergessen, trage ich meinen
Sonnenvogel in der Seele mit.

Der

**Mit einem stillen Lachen
sagt er sich:
Lieber mond- und sehn-,
als heroin- und kokainsüchtig...**

Mond – mein erstes Wort. Ein konstanter Punkt in meinem Leben. Mal war ich rund wie der Vollmond, mal eher so wie der Halbmond – irgendwann werden wir alle zum Neumond. Der Mond ist für mich auch ein Leuchtpunkt, eine nächtliche Geborgenheit, ein inneres Ziel der Sehnsucht. In Vollmondnächten bin ich in traumwandlerischer Sicherheit oft auf der Suche nach meinem inneren Sehnen. Dieser weltliche Sehnsuchtsweg ist schmerzhaft – von Erinnerungen geprägt, von der Gegenwart gezeichnet, und die Zukunft steht, mit diesen Erfahrungen ohne Mondlicht vor mir. Manchmal ist der Wunsch da, den enormen Schmerz des Sehnens und die Unendlichkeit des Suchens zu überdecken – mit Alkohol, Medikamenten, Heroin, Kokain?
NEIN

Mein Vater, ein überaus intelligenter Mann, ist auf der Suche nach Beziehungen, nach Verwirklichung seiner inneren Träume, vom Weg der Sehnsucht auf den Weg der Drogensucht gelangt. Auf seinen dadurch entstandenen Irrwegen hat er mir unendlich weh, aber auch unendlich leid getan. Überall sind die Hemmungen, die Grenzen weggetrunken, weggeraucht und weggespritzt worden. Meine Kinderseele hat gelitten, aber auch mitgelitten. In meiner Seele ist dort, wo das Glück, das Vertrauen, die Geborgenheit sein sollten, ein schwarzes Loch – unendliche Angst, Ekel, Schmerz, Halt- und Grenzenlosigkeit – statt ein Lachen, viele Tränen...

Vollmondvogel

Der Vater hat keine Verwirklichung seiner Träume gefunden, zuletzt auch noch die Träume selber verloren – er hat keine Beziehungen gefunden, zuletzt auch die Beziehung zu sich selbst verloren – er fand auch die Venen und die Luft zum Atmen kaum mehr. Viele bunte Bilder an Wänden und Decken überdecken die Blutspuren von Verzweiflung und Qual – wie ein Lächeln, das versucht, die traurige Seele zu verstecken.

Mit einem leisen Lachen erinnere ich mich, wie oft ich schon versucht habe, in einer Vollmondnacht, im leicht gekräuselten Wasser eines Sees, in den Lichtkegel des Mondes zu schwimmen – man kann noch so schnell schwimmen, und ist doch nie drin. Aber, wenn jemand mit Distanz vom Ufer aus zuschaut, sieht er einen im silbergoldenen Licht...

Das Licht des Mondes wird durch meine Leuchtmenschen in meine ummauerte Seele getragen. Wie Sterne bleiben in der Erinnerung Lichtpunkte zurück und erhellen die Seele, statt dass ich sie mit Suchtstoffen vernoble – so kann ich meine Träume behalten und verliere die Beziehung zu mir selber nicht.

Leuchtmenschen hätte ich meinem Vater gewünscht. Ich träume davon, selber für irgendjemanden auch einer zu sein – Das Sehnen, das Suchen – die Sehnsucht – ein grosser Seelenschmerz, der letztlich nur mit Geborgenheit gelindert werden kann. Dieser Sehnsuchtsschmerz ermöglicht es manchmal fast nicht, sich in dieser Welt zu Hause zu fühlen. Der Vollmondvogel in meiner Seele erinnert mich aber immer an das Licht, das durch meine Leuchtmenschen in meine Seele kommt und an den unerreichbar scheinenden Lichtkegel auf dem Wasser.

Ein inneres Lachen verbindet mich mit meinem Vollmondvogel und ich trage ihn, als kleinen Trost, überall hin in meiner Seele mit.

De

Innerlich holt er in jeder schlaflosen Nacht – in seinen nächtlichen Tagträumen – die Sterne für seine Leuchtvögel vom Himmel.

Hin und her wälze ich mich im Bett. Ein schrecklicher Angsttraum, ein klopfendes Herz, ein tränennasses Gesicht – der Anfang einer schlaflosen Nacht.
Wenn ich so aufwache, mich vielleicht an den Inhalt des Traumes gar nicht erinnern kann, die Seele aber gefüllt ist von Angst, Traurigkeit, Dunkelheit, Kälte – und der Körper zittert, dann verliere ich das Vertrauen in den Schlaf.
Ich versuche, die Nachtträume durch selbstgebastelte Tagträume zu ersetzen. Das kommt mir vor wie der Beruf eines Seelenmalers – schöne Erinnerungen werden zu bunten Farben und die nachtschwarze Seele wird langsam tagbunt. Das Heimweh, die wohl schlimmste Krankheit – und die Sehnsucht, die wohl tiefste Sucht – treten durch die lichten Gedanken, die Erinnerung an liebe Worte, das Nachfühlen von zärtlichen Berührungen langsam in den Hintergrund. Wenn ich zum Himmel hinaufblicke, sehe ich nicht nur das Schwarze, sondern auch die Lichtpunkte, die Sterne –
Den Leuchtmenschen, die mir die lichten Erinnerungen schenken, den Halt, das Vertrauen, die Geborgenheit geben, mir somit ermöglichen, die bunte Seele wiederherzustellen – kann ich nicht direkt etwas zurückgeben. Aber ich kann ihnen in Gedanken die Sterne vom Himmel herunterholen: Glückliche Träume, viele Wünsche für alles Liebe und Schöne, meinen herzlichen Dank – ... – in Sternenpakete packen, und über das Gedankenmail, das sein Postfach im Himmel hat, ihnen zukommen lassen...

Sternenvogel

Ist das wohl die eigentliche Form des Gebetes?
Das Erlangen der inneren Ruhe, der bunten Seele, der Zuversicht, dass die Dunkelheit erhellt werden kann –
Das Sich-Erinnern an Helles, Warmes und Weiches –
Das Zurückleuchten – immer im Wissen, dass es eine Schaltstelle im Himmel dazu braucht und sie auch gibt?
Vielleicht erfüllen all diese Himmelmails die Luft mit ihrem guten Smog?
Vielleicht ist dieser Himmelssmog letztlich stärker als Elektro- oder Abgassmog?
Wenn viele Menschen mit ihren Gebeten, ihren schönen Tagträumen, den lieben Gedanken und Zärtlichkeiten die Luft füllen, bleibt nicht mehr so viel Platz für Gewalt, Angst und Lärm. Die vielen leichten, bunten, singenden, glücklichen Tagträume schweben über den schweren, dunklen, lärmenden, traurigen Nachtträumen – der Himmel ist also leicht und bunt.

Gott – ein musikalischer Farbenfreund der hellen Töne.
Ein Exchangeserver für Gedankenmails.

Sterne, Lichtpunkte und helle Töne der Dunkelheit und der Stille. In schlaflosen Nächten hole ich die Sterne für meine Leuchtmenschen vom Himmel herunter.
Und damit ich nie in eine bodenlose Angst falle, trage ich den Sternenvogel – wie einen kleinen Spickzettel für angstvolle Nächte – in meiner Seele mit und wünsche mir, dass er viele Eier legt – sie auch ausbrütet – und alle Schlaflosen einen Sternenvogel in sich tragen...
Vielleicht werden so die Nachtträume letztlich auch bunt?

Er weiss genau, warum er bei Schneefall losfliegt: Der Schnee dämpft den Lärm und die Schreie, deckt Tränen und Blut. So hat das mickrige Vögelchen, trotz allem, ein Friedenserfolgserlebnis.

Es ist sehr einfach, tolerant und friedlich zu sein, solange einen nichts stört oder plagt...
Sehr praktisch ist es auch, mit Kaffee am Fernseher zu sitzen, kaum zwei Meter vom Bild entfernt, die schrecklichsten Geschehnisse zu sehen und nicht reagieren zu müssen – dafür genau zu wissen, wer jetzt was tun sollte und wer was nicht hätte tun dürfen. Vielleicht kommt dann der Gedanke auf, den man doch schon irgendwo gehört hat, dass der Friede nur bei sich selber beginnen kann – und man stellt eine Kerze ins Fenster und schaut die Spätausgabe der Tagesschau, wo die Menschen Kerzenumzüge gegen Gewalt machen.
Das klingt jetzt ziemlich hilflos, ironisch und vielleicht sogar fast verächtlich –.
Es ist genau das, was auch ich nach einem schockierenden Ereignis, das die Umgebung, die Welt erschüttert, mache – und mit mir Tausende... So schlecht ist das ja auch wieder nicht, denn so entstehen zumindest keine zerstörerischen Rachegedanken – es darf aber nicht dabei bleiben...
Es ist hilflos – und genau diese Hilflosigkeit ist der Anfang – unbeachtet vielleicht der Anfang des Unheils beachtet vielleicht der Anfang des Heils.
Wenn ich Hilfe brauche und sie nicht erhalte, dann bin ich hilflos. Wenn ich lange hilflos bin, dann werde ich entweder traurig oder wütend. Wenn ich lange traurig oder wütend bin, werde ich in die Enge getrieben und kann die Reaktionen nicht mehr steuern...

Friedensvogel

Auf diesem langen Weg in die Enge sende ich Hilfezeichen aus
– vielleicht nicht verbal – aber irgendwie...
Vielleicht sehen, hören, spüren, beachten die Menschen die
Hilfezeichen nicht – vielleicht zünden sie gerade eine Kerze an
oder schauen zu, wie andere Kerzenumzüge machen?
Wenn du die Wahl hast
FELS oder MENSCH
dann wähle den FELSEN
so hast du ein ECHO.

Dieser, in der Pubertät in mir entstandene Spruch kommt mir
immer wieder in den Sinn, wenn ich von einem Selbstmord
höre, wenn Kinderseelen und Kinderkörper zu Tode gequält
und wenn aus der Enge heraus in Wahnsinnstaten Menschen
umgebracht werden – oder, wenn Terroristen nicht nur mit
ihrem Kopf, sondern mit Flugzeugen durch die Wand rasen...
Dann steige ich in die Berge – mein Blick wandert zu den
Felswänden hinauf und parallel dazu in die Tiefe meiner Seele –
ich suche das Echo – .

Wenn du den Glauben noch hast, dann wähle GOTT
er zeigt dir Menschen, die dir statt des blossen ECHOS eine
ANTWORT geben.
Dann steige ich von der Tiefe der Seele auf und vom Berg
herunter und weiss, je kleiner die Welt ist, die zerstört wurde,
desto grösser der Schmerz –
Der Friedensnobelpreis sollte demjenigen gehören, der die
Formel findet, wie aus einer Welt des ECHOS von harten
Wänden eine Welt der ANTWORTEN von zärtlichen Seelen
auf vielleicht nur geflüsterte oder gar nicht gestellte Fragen
gemacht werden kann –
Flieg du Friedensvogel – aber heb die Schneedecke hoch!

Er spürt, dass neben den traurigen Erinnerungen in der Seele auch im Körper etwas wütet.

Nicht wahr, manchmal hat man hinter den Augen bis hinunter zum Bauchnabel ein Tränenseegefühl. Ich muss immer wahnsinnig aufpassen, dass das helle, schöne Licht, das in mich hereinfliesst, nicht vom Tränenseespiegel in die Vergangenheit gespiegelt wird und dort durch seine Helligkeit in der Tiefe schreckliche Bilder, angstvolle Situationen, Enttäuschungen und Situationen des Versagens beleuchtet – wie ein riesiger Rückspiegel, an dem vorbei der Blick in die Gegenwart und Zukunft unmöglich ist. Vielleicht wäre es gut, die Schleusen zu öffnen und danach den Tränensee vor sich zu haben – das Licht könnte so direkt auf mich und meine Gegenwart und in die Zukunft gespiegelt werden.
Das gelingt manchmal in ruhigen Gesprächssituationen mit Vertrauensmenschen, und dann wird der Platz, den die geweinten Tränen in meiner Seele frei machen, gefüllt mit guten Gegenwartsideen und Zukunftsbildern. Der innere Tränenrückspiegel wird kleiner, lässt den Blick in die Gegenwart und Zukunft an sich vorbei zu. Dadurch werden Kräfte wach, die eine Steuerung des Spiegellichtes in die Vergangenheit ermöglichen. Man findet dort nämlich auch Glückliches, Besonderes, Erfolgreiches, Humorvolles, Witziges. Das ist ein gutes Gefühl. Durch Tränen hindurch lächeln oder gar lachen ist wie ein Sieg über sich selber, und wenn noch jemand mitlacht, ist es Lebensglück.

Tränenvogel

Alleine den Tränenseespiegel zu senken, ist schwieriger.
Ich muss unbedingt immer etwas bereithalten, um den frei werdenden Platz in der Seele zu füllen. Vielleicht eine schöne Musik, etwas Süsses, ein gutes Buch, ein Naturerlebnis, ein Computerspiel, einen schönen Traum... und als Halt die Agenda auf dieser Seite aufschlagen, wo der nächste Arzttermin eingetragen ist. Leider kommt es vor, dass sich der Tränensee in der Nacht ohne Vorbereitung entleert. Dann werden mit dem Sog immer mehr und tiefer liegende Bilder in die entstehenden Seelenlücken gezogen.
Ich kenne diesen Nachtkampf. Er macht sehr müde.
Eines Tages spürte ich, dass da noch ein anderer Kampf in mir wütet. Neben der Seelenmüdigkeit kam da eine bisher unbekannte Körpermüdigkeit dazu.

Spinne ich total?
Übertrage ich jetzt den Seelenkampf auf den Körper?
Ist vielleicht der Geist im Tränensee ersoffen?

Nein, der Geist ist hellwach. Mein berufliches Wissen sagt mir: Du bist krank! Unternimm etwas!

Ich traue meiner Wahrnehmung nicht –
ich traue mir nicht –
ich traue mich nicht, den Test zu machen –
was wiederum zeigt, dass
ich meiner Wahrnehmung doch traue –
mir traue –
mich trauen muss, den Test zu machen –
endlich –
und das Warten ist unendlich –

De

Als der Vogel mit der negativen Vergangenheit erfuhr, dass er positiv ist, wurde seine Zukunft negativ.

Ausgerechnet ich, ein positiver Mensch – die Nachricht ist noch nicht in die Tiefe gelangt, liegt auf der Seelenebene, wo auch der Humor ist. Darum entlockt mir dieser missverständliche Satz ein leises Lachen. Jetzt habe ich die Diagnose, so wie mich andere sehen – Positiv.
Ein Film läuft ab:
Stichverletzung an einer Spritze am Arbeitsplatz.
Ich reagiere nicht.
Infektion, Fieber, Operation, langer Spitalaufenthalt.
Ich kann wieder Klavier spielen.
Ich bin glücklich.
Leberübelkeit und Lebensmüdigkeit. Farbkombinationen lösen Brechreiz aus.
Ich schleppe mich durchs Leben.
Interferontherapie gegen Hepatitis C.
Ich kann wieder alle Farben malen und alle Düfte riechen.
Ich bin glücklich.
Plötzlich eine andere Müdigkeit – Ist es die Seele? Ist es der Geist? Ist es ein Kampf im Körper?
Der positive Test.
Jetzt ist der Gedanke schon tiefer in die Seele gerutscht.
Wie sehr habe ich mir immer einen positiven Test gewünscht!

Einen positiven Schwangerschaftstest, nicht einen positiven HIV-Test!

Positive

Es ist Nacht. Der Gedanke rutscht auf den Grund meiner Seele.
Meine Zukunftsträume versinken in der Dunkelheit und in
den Tränen. Der Tod ist in den Körper gezogen, zieht ihn
vielleicht schneller in die Zukunft, als Seele und Geist ihm folgen
können. Die Seele, welche irgendwo in der Kindheit stehen
geblieben ist, wird aussichtslos abgehängt und in Träumen,
Ängsten, naivem Hoffen alleine gelassen. Der Geist ist wach.
Körper, Seele, Geist – irgendwie getrennt und einsam
auf dem Lebensweg.
Eine innerlich trostlose Zeit, welche auch mit äusserlichen
Schwierigkeiten verbunden ist:
Berufliche Zukunft – finanzielle Schwierigkeiten – Einsamkeit
Dann finde ich im Tränenmeer die Insel.

Dort, in den Sprechstunden bei meinem Arzt,
entdecke ich neben den
körperlichen Zukunftsängsten,
den seelischen Vergangenheitsängsten,
die Gegenwart.

Der Körper wird mit medizinischer Hilfe in die Gegenwart
zurückgebunden, die Seele mit Trost und Halt langsam in die
Gegenwart geholt und der Geist mit neuen beruflichen
Herausforderungen und Ideen in der Gegenwart behalten.
Die drei nähern sich an – irgendwie ein gutes Gefühl.
Wenn ich wieder ins Tränenmeer stürze, finde ich dank der
Insel, die innere Gegenwartsinsel wieder. Mit Schwimmhilfen
werden Körper und Seele dort stranden.

Vielleicht bin ich tatsächlich ein positiver Mensch
und der Spruch neben dem positiven Vögelchen ist nur
ein Wortspiel?

# De

Immer, wenn er diese Mengen von Tabletten schluckt, kommt er sich vor, als würde er mit Kanonen auf Spatzen schiessen.

Da liegt sie vor mir – die Tagesration.
Einerseits eine bunte Anzahl Tabletten, die mir das Leben verlängern – vielleicht sogar retten. Sehr sympathisch.
Andererseits eine stinkende Anzahl Tabletten, die mir kurz nach der Einnahme die Teilnahme am Leben fast verunmöglichen.
Dem Entscheid, die Tabletten zu nehmen, ging ein harter Kampf voraus:
Kann ich meinen Tag so strukturieren, dass ich die Einnahmezeiten strikt einhalten kann? – Ja
Kann ich damit leben, dass mit dem Geld, das die Tabletten für mich pro Monat kosten, in der dritten Welt rund tausendfünfhundert Kinder einen Monat überleben könnten? – Nein
Und die fürchterlichen Tierversuche? – Schrecklich
Halte ich die irrsinnige Angst aus, durch die Viren den Geist zu verlieren, welcher mit seiner Wachheit versucht, Körper und Seele zusammenzuhalten? – Nein
Kann ich mit einem individuellen Verzicht, der mich das Leben kosten kann, den Kampf gegen die Weltungerechtigkeit, die Weltfürchterlichkeit gewinnen? – Nein
Das hundertprozentige Vertrauen in meinen Arzt habe ich, und er wird mich so oder so begleiten!
– ich nehme die Tabletten –
Schnell bessert sich mein Zustand. Der Körper kommt in die Gegenwart zurück, die Seele nimmt den Kampf, in die Gegenwart zu steigen, auf.

Tablettenfresser

Nicht wahr, der letzte Ferientag ist immer der schönste, das letzte Stück Schokolade das Süsseste, der letzte Akkord eines Musikstücks der eindrücklichste, die letzte Blume auf dem Balkon vor Winterbeginn die leuchtendste, der letzte Duft vor dem Abschied der intensivste...
– das alles ist die letzte Lebenszeit –
Niemand weiss, wie lang sie dauert.
Nur immer, wenn ich die Tabletten schlucke, habe ich das Gefühl, mit Kanonen auf Spatzen zu schiessen: Ich vertreibe die Viren, treffe sie aber nicht.
Die Übelkeit macht noch einsamer als das stetige kleine Lügen, wenn jemand mit besorgtem Blick in meine umringten Augen fragt: «wie gehts?»
Wenn man in den Augen der Menschen ein positiver Mensch sein möchte, sagt man oft besser nicht, dass man positiv ist.
Die Kräfte in mir und die Kräfte der Viren gleichen sich langsam aus. Der Arzt sagt, dass ich eine Medikamentenpause machen kann.
Ich möchte den Körper stärken, den Geist wach und die Seele hell halten, damit ich mit den Viren leben kann und nicht nur gegen sie kämpfen muss.
Mein Arzt unterstützt mich darin.

Im Computer ordne ich alle meine Geistesgedanken, die Seelenträume und den letzten Gang meines Körpers.
Der Arzt und der Computer – Stellvertreter meines Geistes.
Ein merkwürdiger aber sehr tröstlicher Gedanke.
Sie wissen jetzt ungefähr, wo meine Seele ist, wie es dem Körper geht und könnten den Geist, der immer zwischen Seele und Körper hin und her switcht, gut ersetzen.
Ich wünsche jedem Menschen einen Geistesstellvertreter, damit Seele und Körper nie einsam und getrennt sterben müssen.

De

**Dank seinen Leuchtvögeln
hat er nach dem Verlust seines
Gartens die inneren Blumen
nicht alle verloren.**

Im Frühjahr den noch winterfeuchten, aber schon frühlings-
warmen Boden umgraben, ist eine grundlegende, bodennahe
Arbeit – wie das sich innerlich auf etwas Neues, Frisches
einstellen.
Auf dem Weg ins Paradies geht man durch viele Gärten.
wirkliche – innerliche
Während man beim wirklichen Garten auf dem vorhandenen
Boden im Frühjahr Passendes pflanzt, sich im Sommer
daran freut, erntet und im Herbst das Sterben in seiner Vielfalt
beobachtet, um dann im Winter alles ruhen zu lassen,
damit Neues entstehen kann, sind innerliche Gärten auf dem
Seelenboden eigenen Wechselzeiten ausgesetzt.

Erinnerungsgärten – Zukunftsgärten
Dornengärten – Blumengärten
Musikgärten – Duftgärten
Nutzgärten – Fantasiegärten
– ... –

Alle haben ihre Zeit, ihren Platz in der Seele.
Plötzlich eine Diagnose – die Zeit der inneren Gärten ist
endlich.
Plötzlich eine Mietzinserhöhung – die Zeit mit dem wirklichen
Garten ist vorüber.
Abschied nehmen von Zukunftsträumen ist hart.
Angst breitet sich aus.

Blumenvogel

Bin ich nun auf der Einbahnstrasse zum Friedhofsgarten?
Ich habe den Boden unter den Füssen und unter der Seele
verloren.

– Leere –

Die Versuchung, den Weg auf der Einbahnstrasse zu beenden,
ist in mir.
Zum Glück ist da ein Leuchtmensch, der mit seinem ärztlich
umfassenden Blick neue innere Gärten beleuchtet.
Ich kann, dank dieser Erfahrung und dem Wissen, dass nach
einer Winterleere im Garten immer wieder Farbe und
Musik einziehen, meine Seele neu bepflanzen.

Der eigene Garten wird durch den fast unendlichen
Weltgarten ersetzt, die Seele mit bisher ungeahnten Inhalten
gefüllt.
Schön ist es, in Gesprächen die inneren Gärten zu öffnen, zu
spüren, dass man auf der Einbahnstrasse Begleitung hat.
Die Kraft reicht auch wieder, anderen ein inneres Blümchen
weiterzugeben, das vielleicht in ihrer Seele absamt und
Helles, Buntes verbreitet.

Letztlich werden alle weltlichen Gärten und auch die inneren
Seelengärten durch das Paradies ersetzt. Ich wünsche allen
Menschen, dass sie auf ihrem Weg dorthin Leuchtmenschen
finden, die ihnen in jeder Situation neue innere Gärten
zeigen und dadurch den Weg auf der Einbahnstrasse in seiner
ganzen Länge begehbar machen – bunt, mit Musik gefüllt,
mit Geborgenheit und Überraschungen bestückt –
Keiner weiss, wann seine Einbahnstrasse beginnt und wann
sie endet.

Wenn die gelbe und schwarze Seuche zu stark werden, lässt er die Flügel hängen und weint vor Müdigkeit.

Wenn ich mal unheilbar krank werde, dann...
Und da folgten all die Ideen, was ich in diesem Falle alles machen würde –
Ausflüge, Ferien, Bilder malen, Vögel beobachten, singen, Klavier spielen, Geschichten schreiben, gute Sachen essen...
Ich habe nicht bedacht, dass eine unheilbare Krankheit zwar plötzlich da ist, sich aber langsam, in ihrem eigenen Tempo, in ihrer Art ausbreitet. Zuerst den Alltag nur psychisch, erst allmählich auch physisch durchkreuzt.
Der Alltag wird verändert – es gibt eine Zeit vor der Ansteckung und eine Zeit nach der Ansteckung. Aber es ist Alltag und nichts Besonderes. Also lebe ich auch alltäglich und nicht besonders.

Verändere ich mich oder verändern sich die Menschen um mich herum? Vieles wird anders. Einige ziehen sich von mir zurück, obwohl sie verbal ausdrücken, dass die HIV-Ansteckung für sie keine Rolle spielt. Einige möchten helfen. Helfen einfach so drauflos, ohne zu schauen, ob die Hilfe nötig und angepasst ist – dort ziehe ich mich zurück. Ich möchte Spuren hinterlassen und meine Erfahrungen, mein Wissen einsetzen – aber irgendwie will die Berufswelt das nicht – fühle mich mehr und mehr an den Rand gedrängt. Ich spüre, dass ich Kräfte unnötig verbrauche, den Kampf für meine Ziele langsam verliere. Am Arbeitsplatz sind wir alle mit dieser Situation überfordert.

Kranke

Ich suche Rat bei meinem Arzt, und er macht mir Mut zur Suche nach neuen Zielen und Zukunftsträumen.

Zusammen mit der Sozialarbeiterin und dem Berufsberater finden sich neue Lösungen. Finanzielle Hilfe von Versicherungen anzunehmen, braucht für mich grosse Überwindung. Aber ich bin so dankbar für die Ausbildung in der EDV! Eine neue Welt öffnet sich mir, und ich geniesse das in vollen Zügen! Meine Müdigkeit, die viele Zeit, die ich für mein Inneres und zum Lernen brauche, aber auch der Rückzug anderer von mir, sowie die zeitweise sehr knappen Finanzen, lassen mich oft alleine sein.
Es gibt Situationen, wo man allein weniger einsam ist als in einer Gruppe von Menschen, wo man nicht richtig dazu gehört.

Der Weggang vom Arbeitsplatz, an welchem der Unfall passiert ist, war schwierig. Es war so endgültig, dass ich die Viren mitnehmen muss – für immer. Zu dem Patienten, der die Spritze in der Toilette liegen liess, bleibt eine tiefe Beziehung – ich trage von ihm den Tod in mir – gängiger ist es, von einem anderen Menschen neues Leben in sich zu tragen – aber die Beziehung ist vielleicht nicht weniger intensiv – nur ganz anders. Man kann das Wissen nicht teilen – es wäre vielleicht untragbar für den, der den Tod unabsichtlich weitergegeben hat. Und das wiederum wäre untragbar für mich... Wenn die Müdigkeit gross ist, kleine Erkältungen sich explosionsartig im Körper ausbreiten, die Leberübelkeit zuschlägt und ein Juckreiz mir allen Schlaf raubt, die Angst in mir hochkriecht, lasse ich die Flügel hängen.

Haben Sie schon mal mit Tränen in den Augen in eine Kerze geschaut?
Die Flamme vervielfacht sich – in diesem Funkeln finde ich dann wieder die Mutmacherworte meines Arztes, meine Träume und neuen Herausforderungen –
Ich will Spuren hinterlassen! – nicht nur Tränenspuren...

De

Auch, wenn er immer zu Hause bleibt, zieht er in seinen Träumen der warmen Sonne entgegen.

Wenn im Herbst die Vogelscharen sich treffen und gemeinsam in den Süden ziehen, erwacht in mir eine Sehnsucht – Eine Sehnsucht nach dem Süden, nach Freiheit? Eine Sehnsucht nach der Gemeinsamkeit, nach Geborgenheit? Ich weiss es nicht.
Dann träume ich von weiten Bergwelten und der Nähe des Himmels oder von offenen Sandstränden an der scheinbaren Unendlichkeit des Meeres.
Wenn ich dann tatsächlich einmal losziehe, wird manchmal die weltliche Unendlichkeit des Himmels oder des Meeres eine Leere. Es entsteht ein Heimweh nach Menschen, die es so, wie ich sie vermisse, eigentlich in Wahrheit für mich gar nicht gibt. Es wird mir bewusst, dass ich zwar stets leicht in Kontakt komme, aber nirgends ganz wirklich dazugehöre. Mein schwerstes Gepäckstück ist immer meine Seele – und sie vermag das Tempo unserer schnellen Reiseart nicht ganz mitzuhalten – kommt oft erst an, wenn die Ferienruhe sich einstellt.

Vor sich selber Ferien machen, ist wohl eine der schwierigsten Aufgaben, die man sich stellen kann.
Ich flüchte mich dann wieder in meine Traumwelt, wo ich unkompliziert auf Menschen zugehe und ein zärtlicher Kontakt da ist. Ich mobilisiere alle meine Kräfte, um meine Träume zu bewachen.

Zugvogel

Was sind schon ein paar Tränen im salzigen Meer?

Seit ich den Tod in mir weiss, spüre ich mehr Kraft für das Leben. Ich wünsche mir, dass die Menschen eine reale Rolle in meinem Leben spielen und nicht ausschliesslich in den Träumen leben. Es kann aber immer noch vorkommen, dass ich – wie früher als Kind – vor dem Fernseher oder am Radio geduldig warte, bis der Moderator mir gute Nacht sagt...
Merkwürdiger Gedanke: Bis vor kurzer Zeit suchte ich einen Menschen für den Weg ins Leben und jetzt hoffe ich, dass dann einer meiner Leuchtmenschen mit mir den Weg bis an die Grenze des Todes geht...
Die wirkliche Lebenskunst ist wohl, dass man die Geborgenheit in der Freiheit findet, und wenn man das gemeinsam mit einem Partner machen kann – dann heisst es Liebe –
Zum Glück reist auch immer der Humor mit. Ich mache dann mit mir einen kleinen Wettbewerb. Die Frage lautet: Wer von den Feriengästen am selben Ferienort ist auch alleine unterwegs? Im Hotel ist es einfach – es sind die mit den Zimmern, die das Fenster auf den Komposthaufen gerichtet haben und die, die den Tisch direkt unter der Klimaanlage erhalten. Und draussen? Da sieht man es nur, wenn die Rücken frei sind – alle mit dem roten Sonnenbrandstreifen in der Mitte des Rückens – dort, wo man alleine mit der Crème nicht hinkommt...
Ich weiss immer noch nicht, was ich genau suche:

Die Freiheit oder die Geborgenheit?

Mein Vater hat immer gesagt: Du mit deinem extremen Wunsch nach Geborgenheit – du musst entweder einen Mord begehen, dann bist du für immer im Gefängnis, oder Selbstmord, dann bist du für immer im Himmel...
Ich verlege mich da doch eher wieder aufs Träumen... und trage den Zugvogel mit

Ja, er ist froh, dass sein Körper immer wieder geflickt wird und glücklich, dass auch die Löcher in der Seele mit lieben Worten gestopft werden.

Beeindruckend, wie oft dieses braune Vögelchen schon Federn lassen musste – das bunte Flickwerk zeugt von einer liebevollen Pflege und das Lächeln im glücklichen Vogelgesicht zeigt, dass das Flicken mit viel Verständnis erfolgt ist.

Mein Körper hat ebenfalls viele Narben. Jeder Unfall reisst auch ein Loch in die Seele. Wenn es Wunden sind, die einem zugefügt wurden, ist das Loch in der Seele wohl grösser, als die Wunde selber. Wenn die Seelenlöcher nicht mit lieben Worten – mit Trost gestopft werden – schmerzen die Narben auch Jahre später noch.
Trost ist irgendwie ein Wort, das bei uns so negativ belastet ist. Ich finde es eines der inhaltsreichsten Worte, die es überhaupt gibt.
Oft geschieht in unserer Gesellschaft Schlimmes. Man ist hinterher entsetzt, dass niemand etwas gesagt, etwas gemacht hat. Es ist für uns offenbar extrem schwierig, die Grenzen zwischen Einmischung und Verantwortung zu finden. Und manchmal will man es einfach nicht wahrhaben, dass Kinder gequält, Menschen geplagt, Tiere vernachlässigt werden.
Man kann ja doch nichts tun – ist das so?
Den Idealzustand kann man oft wirklich nicht herstellen – aber wenn man wartet, bis die perfekte Lösung ausgearbeitet ist, kommt oft gar keine Hilfe zu Stande.
Trost kann so wahnsinnig vieles auslösen.

Geflickte

Er zeigt dem Getrösteten, dass er mit seinem Empfinden, dass ihm Unrecht geschehen ist, richtig liegt. Das stärkt die Selbstwahrnehmung und das Selbstwertgefühl. Man reisst den Geplagten aus seiner Einsamkeit und zeigt ihm, dass man mit ihm die Not durchlebt.

Manchmal kommt es mir so vor, als ob viel mehr Kräfte und Zeit dazu verwendet werden, Täter zu strafen, als Situationen zu verbessern. Dass auch viel mehr Kräfte und Zeit in die Planung von Reaktionen und Erstellung von Gesetzen investiert werden, als in Handlungen und Haltungen, welche es den Plagenden erlauben, Hilfe anzufordern und den Geplagten Trost bringen.
Trost ist wie ein Ofen, den man in kalten Zeiten aus der Erinnerung heraus anheizen und sich immer und immer wieder daran wärmen kann. Trost sieht für alle anders aus – ähnlich dem Blutspenden, muss sehr sorgfältig geprüft werden, ob Spender und Empfänger passend sind. Im Innersten etwas menschenscheu freue ich mich über stillen Trost: Vielleicht eine liebe Geste, einen freundlichen Blick, ein gutes Gespräch, einen warmen Tee, offenes Zusammensein in einer Adventsstube, eine Chorprobe, einen Brief, ein Mail, etwas Schokolade, eine Anerkennung, einen Spaziergang...
Man kann damit nichts ungeschehen machen – aber man kann Löcher in der Seele stopfen!

Mein kleiner Wuschelbär kennt all meine Seelenlöcher-stopfererlebnisse und mit seinen grundehrlichen, glänzenden, runden Bärenknopfaugen und seinem weichen Wuschelkörper heizt er immer im rechten Moment den Trostofen. Ich bin extrem dankbar, wenn ich in meinem Leben immer genügend Trost zum Einfeuern erhalte – und ich versuche, anderen Menschen auch das eine oder andere Seelenloch stopfen zu helfen – wenn ich passend bin...
Seelenlochstopfer – ohne sie wäre die Welt trostlos –

Das spezifische Gewicht seines Humors ist glücklicherweise kleiner als das seiner Trauer und seiner Ängste – darum erhält das Lachen immer wieder die Oberhand.

Eine Seele ist immer randvoll.
Gefüllt mit Freude, Angst, Heimweh, Glück, Trauer, Zweifel, Wut, Humor, Respekt, Verachtung, Sehnsucht, Fröhlichkeit, Ärger...
Man könnte noch unendlich viel aufzählen!
Ganz selten kommt es vor, dass ich nur ein einziges Gefühl wahrnehme – dann bin ich ausschliesslich glücklich, traurig oder sehnsüchtig ... –
Meistens sind aber mehrere Gefühle aktiv. In einer Grundtraurigkeit kann es durchaus auch sehr fröhliche Momente geben, im Glück kann auch Angst dabei sein. Solche Gefühlsmischungen lösen manchmal Unsicherheit aus:
Ich bin doch so glücklich, warum habe ich denn jetzt Angst?
Eine grosse Trauer ist in mir und doch lächert mich etwas?
Das der Situation angepasste Gefühl nehme ich gern an, das andere wird von mir oft fast ein wenig verleugnet oder unterdrückt. Dabei wäre es wahrscheinlich sehr wichtig, alle Empfindungen wahrzunehmen. Ich muss ja nicht alle auf einmal ausleben, aber immer wieder überprüfen, welche Gefühle jetzt die Oberhand haben.
Ein riesiges Geschenk ist es wohl, dass bei mir der Humor ein kleines spezifisches Gewicht hat und dadurch sehr oft an der Oberfläche ist – verfügbar.
Ich kann also vor lauter Angst, wenn ich in der Nacht unterwegs bin, rückwärts laufen, damit ich alles sehe, was hinter mir ist – und gleichzeitig innerlich über mich lächeln...

Smiler

Keines meiner Gefühle hat die lebenslängliche Lizenz auf das
Prägen meiner Stimmung – ich kann trotz der Trauer in
mir Glück empfinden, trotz des Heimwehs eine geschenkte
Geborgenheit erleben, trotz Zukunftsangst Hoffnung haben,
trotz Fröhlichkeit Sehnsucht fühlen...
Sämtliche Kombinationen sind möglich!
Das sollte mich eigentlich nicht verunsichern, sondern eher
sehr freuen! Es lässt nämlich in jeder Situation Veränderung
zu – und Veränderung ist Leben!

Ich bin so extrem glücklich darüber, dass bei mir der Humor
das kleinste spezifische Gewicht hat und wage gar nicht,
mir vorzustellen, wie das Leben wäre, wenn es der Ärger wäre!
Schon seit meiner Kindheit liebe ich das Smiley-Gesichtchen –
Ein solches Bildchen hängt bei mir seit eh und je am Spiegel.
Seit geraumer Zeit steht folgender Spruch darunter:
Gelb und positiv –
eine Diagnose oder ein Markenzeichen?

Menschen kennen sich wohl erst dann gut, wenn sie neben
der vordergründigen Stimmung des Gegenübers auch
sein Zweit-, Dritt- ... X-gefühl kennen oder zumindest ahnen
können –

Dem Vögelchen wünsche ich ganz fest, dass es nicht wegen
seines Aussehens als oberflächlich abgestempelt wird – alle
tragen ihr Gefühl mit dem kleinsten spezifischen Gewicht im
Gesicht – aber alle haben darunter sämtliche anderen
Gefühle – durch sorgfältige Blicke in die Augen findet man sie –
und wird ihnen vielleicht gerecht?

De

**Eigentlich wäre er frei...
Aber er lebt hinter Gittern
der Angst.**

Oft höre ich: Du hast es gut, du bist völlig frei.
Das stimmt.
Ich weiss das auch durchaus zu schätzen! Aber die äusserliche Freiheit bedeutet noch lange nicht, dass man sich auch innerlich frei fühlt. Gerade, wenn man zu keinem Menschen ganz wirklich gehört, wird die Suche nach dem Platz, wo man sich sicher, geborgen, frei fühlt und auch etwas zur Sicherheit, Geborgenheit und Freiheit anderer beitragen kann, sehr anstrengend. In Gruppen weiss ich mich gut zu behaupten – vielleicht manchmal schon fast zu gut? Aber im ganz innerlichen Leben, wo es nicht um Leistungen, nicht um Witz, nicht um Ideenreichtum geht, sondern vielmehr um sich selber, einfach um das, was man ist, auch wenn man weder etwas leistet noch witzig oder ideenreich ist, bin ich unsicher, scheu – fast ein wenig verloren.

Liebt ein Alleinlebender weniger? Sorgt sich ein Alleinlebender weniger? Trägt ein Alleinlebender weniger Verantwortung? Ist ein Alleinlebender wirklich freier?
Ich weiss es nicht.
Ich denke manchmal, dass die Lebensumstände überhaupt keine Rolle spielen, wenn es darum geht, wie sehr jemand sich um andere sorgt oder wie frei sich jemand fühlt.
Vielleicht können auch eine Frau, oder ein Mann, welche nie selber Kinder hatten, extrem mütterlich oder väterlich sein?
Vielleicht sorgen sich Alleinlebende genau so stark um

ingesperrte

Menschen oder haben Heimweh – nur darf es nicht gezeigt werden?
Vielleicht gibt es auch Mütter und Väter, welche nicht mütterlich oder väterlich sind?
In einer Familie, wo sich niemand mehr liebt und kümmert, kann die Einsamkeit gross sein –
Alleinsein heisst nicht zwingend Einsamkeit – es gibt durchaus Beziehungen, welche die Einsamkeit aus dem Alleinsein vertreiben.
Alleinlebende – wahrscheinlich weder einsamer noch freier als andere –
Freiheit ist wohl eher ein Resultat von Sicherheit. Die Sicherheit das Resultat von Geborgenheit, Selbstvertrauen und dem Umstand, sich nicht zu sehr sorgen zu müssen...

$$\text{Freiheit} = (\text{Geborgenheit} + \text{Selbstvertrauen}) - \text{Sorgen}$$

Diese Formel gibt einen gewissen Rahmen – und wer diesen Rahmen nicht findet und dazu eine zu dünne Haut um Körper und Seele hat, wird ängstlich...

$$\text{Angst} = \text{dünne Haut} + (\text{Schlechte}\,(\text{Erfahrungen} + \text{Erinnerungen})) + \text{Sorgen}$$

Die Angst legt Gitter um die Seele und um den Körper –
Nur ja keine Situationen erleben, welche Erinnerungen wecken könnten, sich lieber zurückziehen, kein Risiko neuer Enttäuschungen eingehen... –
Die dünne Haut bleibt aber und lässt die Bilder aus der Seele hochkommen – die Angst ist also auch hinter den Gittern...
Glücklich, wer Menschen findet, die ganz fein diese dunklen Angstwinkel ausleuchten, Geborgenheitserlebnisse hinter die Gitter tragen, einen anerkennen – somit die dünne Haut stärken und Selbstvertrauen schenken. Vogel, hoffentlich lockt dein lockgelber Flügel Leuchtvögel an, welche dir die Freiheitsformel hinter die Gitter der Angst bringen!

De

Er schert sich nicht um physikalische, chemische Naturgesetze; lebt auch mit nur einem Flügel völlig vogelfrei.

Als ich meine Diagnose erfuhr, war ich wie ein Vogel mit nur noch einem Flügel – Die Gedanken drehten sich im Kreis – um das immer gleiche Zentrum – HIV-AIDS-EINSAMKEIT-TOD... Mein Leben war mit einem Schlag begrenzt, die noch bleibenden Möglichkeiten beschnitten – beruflich und privat. Es hiess endgültig Abschied nehmen von Träumen. Das tat weh. Völlig ohne Orientierung flatterte ich ziellos durch mein Leben. Bereite ich mich auf eine Zeit mit der Krankheit vor und gehe dem Tod entgegen oder auf eine neue Zukunft zu – schliesse ich ab oder beginne ich neu?
Ich habe meine Lebensmelodie verloren –
Ohne Hilfe und Gedankenanstösse von aussen wäre ich wohl immer noch am Flattern...
Um eine neue Orientierung zu finden, braucht es Ruhe – kein hektisches Tun. Sich gegen den Orient richten und das Neue ansehen – den Sonnenaufgang?
Vielleicht entstehen aus dem Wissen, dass man nicht mehr so lang Zeit für seine Ziele hat, auch Freiheiten? Man muss nicht mehr den Normen entsprechen.
Es entsteht eine gewisse Vogelfreiheit –
Auch ohne Viren war ich nach dem Unfalltod meines Partners viele Jahre allein; auch ohne Viren wäre es durch die Zeituhr in mir drin schwierig geworden, noch eigene Kinder zu haben; auch ohne Viren habe ich oft in meinem Leben plötzlich eine Kehrtwendung gemacht und vieles zurückgelassen, um Neuem Platz zu schaffen –

Vogelfreie

Also los! Durch meinen Arzt und die Beratung in der Insel wurde mir klar, dass ich gern noch lang arbeiten möchte, und dass da die Informatik eine Möglichkeit wäre. Ein total neues Gebiet, eine neue Herausforderung, ein Ziel!
Auf der Suche nach der Seele des Computers habe ich dann positive und negative Traumvögel gezeichnet. Vielleicht sind die Computerseelenvögel eine Spiegelung der eigenen Seele? In der EDV muss man Aufgaben schrittweise lösen; nicht alle Probleme der Welt in eine Datenbank packen; Wesentliches vom Unwesentlichen trennen; alles, was neu berechnet werden kann, nicht speichern, sondern mit aktuellen Abfragen lösen; Redundanzen vermeiden; ruhig überlegen, dann gezielt arbeiten – man traut mir das zu...

Ich kämpfte mich an diese Fähigkeiten heran – in der Informatik – vielleicht auch im Leben?
Das heisst, einiges zurücklassen – neben dem Schmerz ist das auch eine Erleichterung. Der Abschied von den Patienten tat sehr weh, aber der Abschied von den Team-Supervisionen, einer Ansammlung von unbrauchbaren Lösungen zu Problemen, die sich gar nicht wirklich stellen, war eine enorme Erleichterung. Ich versuche, alles neu zu erleben und nicht die gespeicherten Erinnerungen als einzige Möglichkeit zu sehen. Der Verlust von Beziehungen, der Berufskarriere schmerzt – es entstehen aber auch neue Beziehungen, neue Werte, Ziele und Träume. In den Sprechstunden und in der Alexandertechnik lernen meine Seele und mein Körper mit Gewohnheit und Wandel umzugehen; meine Energie in einer für mich passenden Form einzusetzen. Es ist wie das Einstudieren einer neuen Melodie – meiner neuen Lebensmelodie – allen, die beim Komponieren, Dirigieren und Mitsingen helfen, sei herzlich gedankt!

So lebe ich jetzt vogelfrei – orientiert nach Osten – im Wissen, dass der Westen nah ist –

De

Erst, wenn sich die Tränen der Seele mit dem Blut des Herzens mischen, das Positivzeichen zum Grabkreuz wird, löst sich die Seele vom Vogelkörper. Wenn er Glück hat, wird er vom Leuchten seiner Leuchtvögel durch die Dunkelheit bis zur Grenze des ewigen Lichtes begleitet.

Ich bete für das Vögelchen, dass seine Leuchtvögel kommen!
Wann beginnt das Sterben?
Bei einem Unfall oder bei bestimmten akuten Vorgängen im Körper kommt das Sterben plötzlich – ist einfach da.
Bei Krankheiten erfolgt es – ähnlich wie im Alter – schrittweise. Man nimmt Abschied
Weil jeder Abschied ja eigentlich auch einen Neubeginn nach sich zieht, könnte der Tod auch ein Neubeginn sein. Aber wie weiss ich, wann meine Abschiede in Richtung Tod gehen und wann sie Aufforderung zu noch mehr Lebensmut sind? Das Erspüren des Break-Even-Point ist, je weniger man sich oder andere kennt, desto schwieriger. Vielleicht dann, wenn die Lebensangst grösser als die Todesangst, die Müdigkeit stärker als die Lebendigkeit wird und man im Idealfall den Tod – das ewige Licht – im Osten und nicht im Westen sieht?
In gewissen Religionen, Kulturen richtet man Sterbende nach Mekka, nach dem Orient, also nach Ost – orientiert nach dem Neubeginn. Im Spital habe ich immer vor der Nachtwache in diesen Zimmern gut geschaut, wo genau Osten ist, und ob alle Kabel für die Apparate auch nach der Bettumstellung noch gut bis zur Steckdose reichen. Einen Menschen, den man kaum kennt, in den Tod begleiten, ohne seine Sprache, seinen Sehnsüchte, seine Ängste zu kennen, ist ein immerwährendes Ausloten – Gefühle, Stimmungen, Handlungen müssen ausschliesslich zum Gehenden passen – er geht letztlich allein...

terbende

Ich fürchte, dass ich mich innerlich nicht alleine nach Osten wenden kann – den Tod also im Westen sehe – das Sterben für mich statt eines Neubeginns ein Untergang wird.

Da der Geruchssinn als letzter stirbt, ist für mich der Duft des Todesortes wichtig – Inselspitalduft löst bei mir ein Geborgenheitsgefühl aus. Dort weiss ich meinen Arzt, der sowohl meinen Körper, meine Seele wie auch den Geist kennt, sicher immer das Mögliche tun oder verordnen würde, um bei Überforderung des einen oder andern Linderung zu bringen und auch zu schauen, dass die drei einander nicht davoneilen, ohne die Bereitschaft der andern abzuwarten. Aus dieser Geborgenheit, diesem Vertrauen kann die Freiheit entstehen, welche sogar den Rahmen des Körpers zurücklässt und die innere Wendung von West nach Ost ermöglicht.
Ob bei den allerletzten Schritten durch die Dunkelheit dann der Arzt dabei sein kann, ist Glückssache – der Zeitpunkt wird von der göttlichen Dimension bestimmt und entzieht sich jeder weltlichen Organisation. So oder so:
DANKE FÜR ALLES!

Was kann jetzt noch für das Vögelchen getan werden? Weiterbeten, dass seine Leuchtvögel noch kommen, das Fenster weit öffnen, ihm das Kreuz der weltlichen Last abnehmen und das Vögelchen ganz behutsam nach Ost wenden –
Es ist ein EDV-Vögelchen, daher ist das sehr einfach.
– äusserlich – und innerlich?

GOTT
Schenk allen Lebewesen Seelenlochstopfer, Lückenfüller, Leuchtlebewesen
Schick uns den Code der Antworten auf unsere Himmelsmails, damit wir getrost leben und sterben können.
DANKE!

Nachwort

What kind of a bird are you?

Der Vogel aber
den du siehst
wenn du die Augen schliesst
und den Kopf in deinen Nacken wirfst
und der weit oben
die Wolkenränder streift
hat keinen Namen
und kein Nest
und wo er brütet
ist ein Rätsel
doch was ich weiss von ihm:
er hat vier Flügel
und drei Augen
und zwei Herzen
und mag er segelnd schlafen
zwei Flügel schlagen immer
ein Aug ist immer offen
und ein Herz pocht immer
für alle seine Schwestern
welche in der Tiefe
hinter Gitterstäben
auf der Stange sitzen
und davon träumen
zusammen mit dem namenlosen Bruder
den Himmel zu beschriften
mit federleichter Spur.

Franz Hohler

Katrin Vogt

Geboren am 9. Januar 1959
Ausbildung zur Kindergärtnerin und Lehrerin für musikalische Grundschule und Früherziehung im Seminar Marzili und Konservatorium Bern.

1979 – 1990 Arbeit als Kindergärtnerin in Rüfenacht.

ab 1990 diverse Teilzeitstellen als Integrationskindergärtnerin für fremdsprachige Kinder. Ausbildung zur Krankenschwester DN II im Lindenhof Bern. Arbeit als Krankenschwester im Inselspital und im medizinischen Dienst der Stiftung Contact KODA 1 und MeTz. Übernahme eines Teils des EDV-Supports im Contact.

ab 1999 berufsbegleitende EDV-Ausbildung mit Abschluss als PC-Officesupporterin SIZ im 2001.

ab 2001 als Computerkursleiterin tätig.

Auf der Suche nach der Seele des Computers habe ich diese positiven und negativen Traumvögel gezeichnet. Vielleicht sind die Computerseelenvögel eine Spiegelung der eigenen Seele? Wenn einer losfliegt, flattern wandelbare Gedanken aus meiner Seele durch meinen Kopf –
Die Flugblätter sind ein Versuch, die flatternden Gedanken einen Moment festzuhalten – damit sie nicht flatterhaft bleiben und vielleicht ein feines Spürchen hinterlassen… –